ERSTLESER

Detektive und Ermittler

Ravensburger

Konzept und Text: Sandra Noa
Illustration: Daniel Sohr

Fachliche Beratung: Raoul Oliver Classen, Privatdetektiv
Beauftragter für Öffentlichkeitsarbeit
Bundesverband des Detektiv- und Ermittlungsgewerbes e. V.

Layout: Katrin Kleinschrot und Marion Köster
Satz: Katrin Kleinschrot

1 3 5 4 2

Postfach 2460 • D-88194 Ravensburg

Printed in Germany

ISBN 978-3-473-60050-2

ravensburger.com
www.wiesoweshalbwarum.com

MIX
Papier | Fördert gute Waldnutzung
FSC® C111262

Inhalt

Was machen Detektivinnen und Detektive?

Die Aufgaben von
Detektivinnen und Detektiven
kennen wir oft
aus Geschichten:
Sorgfältig und schlau suchen sie
nach Spuren, Informationen
und Beweisen.
So klären sie Verbrechen auf.
Soll der Täter oder die Täterin
dafür eine Strafe bekommen,
wird die Polizei gerufen.

Ein Kindertraum: Detektiv werden!

Für wen arbeitet ein Detektiv?

Detektive arbeiten im Auftrag
von Firmen und Privatleuten.
Sie suchen zum Beispiel nach Zeugen
oder verschwundenen Personen.
Sie finden heraus,
ob jemand eine Firma betrügt
oder Geheimnisse ausspioniert.
In Kaufhäusern entdecken sie Diebe.
Ihr Auftraggeber entscheidet,
ob sie die Polizei einschalten.

Abhöranlagen sind oft so klein wie Insekten. Deswegen nennt man sie auch „Wanzen".

Mit Kameras beobachtet dieser Detektiv ein ganzes Kaufhaus.

Was ist der Unterschied zwischen Polizei und Detektei?

Wer ein Verbrechen entdeckt,
ruft meistens die Polizei.
Die sperrt dann den Tatort ab,
sammelt Spuren
und spricht mit Zeugen.
Dafür bekommt die Polizei
manchmal Sonderrechte.
Mit denen darf sie zum Beispiel
in verschlossenen Wohnungen
nach Beweisen suchen.

Ihre Ergebnisse entscheiden, ob jemand vor Gericht muss. Wenn die Polizei nicht kommen soll, wendet man sich an eine Detektei. So heißt ein Detektivbüro. Dafür reicht anstelle eines Verbrechens ein konkreter Verdacht. Detektive haben für ihre Ermittlungen keine Sonderrechte.

Die Polizei klärt Verbrechen auf.

Die Detektei findet heraus, ob ein Verdacht berechtigt ist.

Seit wann gibt es Detektive?

Als erster Detektiv
gilt der Franzose Vidocq.
Dabei war er selbst viele Jahre Betrüger
und saß sogar im Gefängnis.
Dort fing er jedoch an,
andere Gefangene auszuhorchen.

Vidocq überführte als Erster einen Täter mit dessen Schuhabdruck.

Immer wieder flüchtete Vidocq aus Gefängnissen.

Seine geheimen Informationen
gab er an die Polizei weiter.
1833 eröffnete er schließlich
in der französischen Stadt Paris
das erste Detektivbüro der Welt.
Von da an gründeten Männer
in vielen Ländern eine Detektei,
so auch Allan Pinkerton in den USA.
Er überführte mit seinem großen Team
viele Räuber und Geldfälscher.
Das erste deutsche Detektivbüro
entstand vor über 160 Jahren.
Heute gibt es etwa 1000 Privatdetektive
in Deutschland.

Pinkerton (links) verhinderte einen Anschlag auf den damaligen US-Präsidenten Abraham Lincoln (Mitte).

Was muss eine Detektivin können?

Detektivinnen und Detektive
beobachten alles ganz genau.
Jede Kleinigkeit
könnte ein hilfreicher Hinweis sein.
Deshalb müssen sie sich
vieles gut merken:
Wie sieht ein Mensch aus?
Was befindet sich im Raum?
Wo liegen Gegenstände?
Sie beherrschen die Kunst,
möglichst wenig aufzufallen.

Für die langwierigen Ermittlungen brauchen Detektivinnen viel Geduld und Ausdauer. Auch sollten sie anderen Menschen gegenüber offen sein und sich gern mit ihnen unterhalten.

Oft sind Detektivinnen wichtige Zeuginnen vor Gericht.

Privatermittlerinnen verstecken häufig ihre echten Gefühle.

Wie wird man Detektiv?

Alle Erwachsenen können Detektiv werden. Eine bestimmte Ausbildung ist dafür nicht vorgeschrieben. Aber sie brauchen Spezialwissen. Viele Detektive sammeln deshalb erst mal woanders wichtige Erfahrungen.

Als besonders zuverlässig gelten Mitglieder im Detektivverband.

Viele arbeiten bei einem Anwalt, bevor sie Detektivin werden.

Meist arbeiten sie anfangs
beim Anwalt, der Polizei
oder bei der Bundeswehr.
Dort entdecken sie
ihr Talent für Detektivarbeit.
Mit der Zeit werden sie so gut,
dass sie nur noch
das machen wollen.
Dann melden sie sich einfach
als Detektiv oder Detektivin an.
Manche lassen sich
zum „Geprüften Detektiv“ ausbilden.

Welche Tiere spionieren mit?

Mit ihrem feinen Geruchssinn
können auch Tiere
zu Detektiven werden.
Besonders ausgebildete Hunde
finden zum Beispiel
vermisste Menschen wieder
oder spüren verbotene Dinge auf.

Eine Ratte bei der Suche nach Mini-Bomben im Boden

Ratten und Bienen
werden darauf trainiert,
Sprengstoff zu erkennen.
Solche Ratten
zeigen ihren Fund,
indem sie mit den Pfoten scharren.
Bienen strecken ihren Rüssel aus,
sobald sie Sprengstoff wahrnehmen.
So warnen und retten sie Menschen.
Meist unterstützen solche Tiere
die Polizei, die Armee
oder Hilfsorganisationen.

Bienen nehmen sogar Kilometer entfernte Gerüche mit ihren Fühlern wahr.

Leserätsel

1 Eine geheime Botschaft!
Kannst du sie entschlüsseln?

 = B

 = I

 = S

 = D

 = O

 = T

 = E

 = R

2 In dem Gitter sind sechs Begriffe versteckt. Kreise sie ein.

D	A	U	L	O	P	Ü	W	Ä	T
E	S	A	U	F	T	R	A	G	A
T	B	E	V	J	Q	U	Y	L	T
E	Z	U	S	G	Z	Ö	N	C	O
K	M	S	X	W	E	R	A	V	R
T	T	P	U	I	U	F	R	L	T
I	L	U	K	H	G	A	D	C	H
V	E	R	B	R	E	C	H	E	N

3 Wie viele Silben haben diese Wörter? Klatsche und trage die Anzahl ein.

Beweis

Geheimnis

Diebesfallenpulver

Wie gehen Detektive und Detektivinnen vor?

Um einen Fall zu lösen,
suchen Detektive Beweise.
Dazu gehören
verdächtige Gegenstände,
Informationen aus Gesprächen
und eigene Beobachtungen.
Auch im Internet
finden sie wertvolle Hinweise.

Welche Ausrüstung braucht ein Detektiv?

Ein Detektiv braucht
ein Büro mit Schreibtisch,
Computer und Telefon.
Für die Verfolgung von Personen
hat er ein Auto, ein Fahrrad
und Fahrkarten.
Bei der Suche nach Beweisen
sind immer mit dabei:
Stifte, Notizblock und Handy.
Auch etwas zu essen
und zu trinken darf nicht fehlen,
falls der Einsatz länger dauert.

Ein Büro wie jedes andere

Im Sommer haben Detektive immer Sonnencreme dabei.

Wie sieht ein Tag als Detektivin aus?

Der Tag beginnt im Büro.
Dort schreibt die Detektivin E-Mails
und unterhält sich mit Auftraggebern.
Bei jedem neuen Auftrag
prüft sie zuerst,
ob alles rechtens ist.
Sonst könnte sie sich selbst
strafbar machen.
Viel Zeit braucht sie für Recherchen.
So nennt man das Suchen
und Auswerten von Informationen.

In einer Detektei arbeiten viele Leute. Trotzdem ermittelt eine Detektivin meist allein.

Auch das Beobachten von Personen
und das Fotografieren von Beweisen
dauert lange.
Abends erzählt sie Auftraggebern
von neuen Erkenntnissen.
Gemeinsam entscheiden sie,
wie es weitergehen soll.
Ist ein Fall abgeschlossen,
schreibt die Detektivin
einen Ermittlungsbericht
und eine Rechnung.

Ein Privatermittler muss sich an Gesetze halten. Einbrechen darf er nicht!

Wie bleiben Detektive unauffällig?

Detektive passen sich
ihrer Umgebung an.
Manchmal ist dafür
eine Verkleidung nötig.
Denn auf einer Party
fällt man in Sportkleidung auf,
im Park dagegen nicht.
Auch ihr Verhalten
bleibt unauffällig.

Für jede Situation die passende Kleidung

Sogar ihre Art zu sprechen
ist je nach Umfeld anders.
Außerdem halten sie immer
Abstand zur Zielperson.
Kommen Detektive ihr zu nah,
werden sie entdeckt.
Sind sie zu weit weg,
könnte die Person entwischen.
Oft wechseln sich
mehrere Ermittler ab.
Wurde einer bemerkt,
übernimmt ein anderer.

Der Detektiv tut so,
als ob er telefoniere.
Dabei behält er
seine Zielperson im Blick.

Gezieltes Beobachten
nennt man auch
Observieren.

Welche Tricks gibt es bei einer Befragung?

Oft arbeitet ein Detektiv
mit einer Legende.
Das ist eine Tarnung oder
eine erfundene Geschichte
über sein Leben.
Dann gibt er sich
als jemand anders aus
und verkleidet sich zum Beispiel
als Hausmeister oder Verkäufer.

Als Postbote verkleidet stellt dieser Detektiv Fragen.

Die Apothekerin merkt nicht, dass eine Detektivin sie gerade befragt.

Für wertvolle Erkenntnisse
verwickelt eine Detektivin
Leute in unverfängliche Gespräche.
Das kann im Supermarkt sein,
am Gartenzaun oder an der Ampel.
Sie achtet auf offene Fragen,
auf die man nicht
mit Ja oder Nein antworten kann.
Dabei helfen W-Fragen.
Sie beginnen etwa mit
wer, wie, wann, wo oder wieso.

Diese Detektivin sucht im Müll nach Informationen über die Hausbewohner.

Wie wird entlarvt, wenn jemand lügt?

Detektive merken schnell,
wenn jemand lügt.
Sie beobachten genau:
Ergibt das Gesagte Sinn?
Wenn nicht,
fragen sie gezielt nach.
Wie spricht die Person?
Wird jemand bei einem Thema
besonders laut oder leise?
Das ist sehr verdächtig.

Oft soll
die Hand vorm Gesicht
Gefühle verstecken.

Was verraten Haltung und
Bewegungen des Körpers?
Was passiert im Gesicht?
Zum Beispiel schaut jemand
nachdenklich hin und her,
wenn er die Wahrheit sagt.
Ein Lügner hingegen
blickt starr geradeaus.
Blinzelt das Gegenüber oft,
kann auch das
ein Zeichen für eine Lüge sein.

Welche Spuren suchen Detektive?

Detektive dürfen nur
an frei zugänglichen Orten
nach Spuren suchen.
Selbst unscheinbare Dinge
erregen ihre Aufmerksamkeit.
Dazu gehören zum Beispiel
alte Parkscheine,
die sie durchs Autofenster sehen.
Darauf steht vielleicht,
wo die beobachtete Person
vorher war.

Blonde Haare auf dem Pullover
eines braunhaarigen Menschen
gehören unter Umständen
zu einem blonden Verdächtigen.
Liegt der Geruch
nach einem bestimmten Parfüm
in der Luft,
kann auch das eine Spur sein.
Nach dem Sammeln von Spuren
werten Detektive diese
sorgfältig aus.

Leserätsel

1 Ergänze die fehlenden Buchstaben.

I	N		O	R	M	A		I	O	N	E	N
S	O	N	N	E	N		R	E	M	E		
	-	M	A	I	L							
H		N	D									
P		R	F	Ü	M							

2 Welche Wörter sind gesucht?
Verbinde die Silben mit Linien.

HIN	DÄCH	SON
NO	WEI	TIG
VER	PER	BLOCK
ZIEL	TIZ	SE

3 Was siehst du auf dem Bild?
Umkreise die Buchstaben
der richtigen Sätze.

Das ist ein Büro.	DE
Die Lampe ist an.	MON
Der Mann redet.	TEK
Er raucht Pfeife.	PAU
Die Frau schreibt mit.	TI
Im Schrank sind Bücher.	VIN

Alle umkreisten Buchstaben ergeben:

____

Ausrüstung zum Stickern

Klebe hier Handschuhe ein.

Was steckt im Sitz?

Was hängt denn aus dem Rucksack?

Wer ermittelt sonst noch?

Nicht nur Polizei und Detektei begeben sich auf Spurensuche. Für Geheimdienste arbeiten Spione und Agenten. Manche Klimaschützer decken auf, wer die Umwelt verschmutzt, unerlaubt Wälder rodet oder heimlich Tiere fängt. Und Beamte vom Zoll kontrollieren an Ländergrenzen das Gepäck von Reisenden.

Was machen Geheimdienste?

Jedes Land hat Geheimdienste.
In Deutschland gibt es insgesamt sogar drei.
Sie sammeln für die Sicherheit im Land geheime Informationen.
Bei drohender Gefahr melden sie das der Polizei oder der Regierung.
Sie beschützen auch eigene Geheimnisse.

Mit winzigen Mikrofonen dürfen Geheimdienste Gespräche mithören, wenn ein Gericht es erlaubt.

Geheimdienste haben Satelliten im All.
Mit ihnen beobachten sie Menschen weltweit.

Was machen Agenten und Spione?

Agenten und Spione
arbeiten für Geheimdienste.
Dabei sind Agenten meist
im eigenen Land
in geheimer Mission unterwegs.
Sie überwachen Feinde des Staates
und verhindern Anschläge.

Unauffällige Spezialausrüstung für Spione

Uhr mit Fotoapparat

Schuhe mit Geheimfach

Lippenstift mit Messer

Brille mit Videokamera

Die ersten Spione
gab es schon
vor Zehntausenden Jahren.

Spione bespitzeln hingegen oft
Menschen im Ausland.
Sie decken Geheimnisse auf,
die zum Beispiel
einen Krieg verhindern können.
Es gibt auch Doppelagenten.
Die sind für die Geheimdienste
von zwei Ländern tätig.
Manche werden zu Überläufern
und wechseln
zu einem fremden Geheimdienst.

Wie wird man Spion?

Meist fragt der Geheimdienst:
Wollen Sie für uns arbeiten?
Wer sich dafür entscheidet,
muss zuerst viel lernen.
Zum Grundwissen gehört:
unauffällig an Infos kommen
und im Verborgenen leben.
Auch mit Gesetzen und Geld
sollte sich ein Spion auskennen.

Wie leben Spioninnen und Spione?

Anders als in Filmen
ist das Leben als Spion ruhig.
Spione arbeiten heute
oft am Schreibtisch.
Einige dürfen
Verbotenes machen.
Damit sie nicht auffliegen,
bekommen viele eine Legende,
genau wie Detektive.
Nicht mal Freunde und Familie
kennen ihr wahres Leben.

Ein erwischter Spion im Gefängnis

Die berühmten Darsteller aus James-Bond-Filmen siehst du hier als Wachsfiguren.

Welche Aufgaben erledigen Spione der Zukunft?

In Zukunft wird die Technik
rund um Computer und Internet
für Spione immer nützlicher.
Satelliten im All können
24 Stunden am Tag
Bilder und Gespräche aufnehmen.
Superrechner durchsuchen diese
automatisch nach Wichtigem.

Spione werten
die große Menge an Daten aus.
Hinweise verfolgen sie weiter.
So verhindern sie Verbrechen
auf der ganzen Welt.
Schon heute bespitzeln sie dabei
auch Firmen in anderen Ländern.
Denn der Erfolg von Firmen
hängt eng mit der Sicherheit
in einem Land zusammen.
Spione müssen aufpassen,
weil alle Geheimdienste
ständig neue Tricks lernen.

Spionage-Satellit

Verbrecher schicken
Viren an fremde Computer.
Spione können verhindern,
dass dadurch
Schäden entstehen.

Wer verpfeift hier wen?

Manche Leute geben freiwillig
geheime Informationen weiter.
An die kommen sie
bei ihrer Arbeit für eine Firma
oder für die Regierung.
Sie bemerken etwas Ungerechtes
oder sogar ein Verbrechen.

Whistleblower wagen viel.

Meist wissen auch
Kollegen davon,
verraten es aber nicht.
Viele haben Angst davor,
ihre Arbeit zu verlieren
oder vor Gericht zu müssen.
Deshalb sagen Hinweisgeber
nur selten ihren Namen.
Man nennt sie auch Whistleblower.
Das kommt aus dem Englischen
und bedeutet „Verpfeifer“.

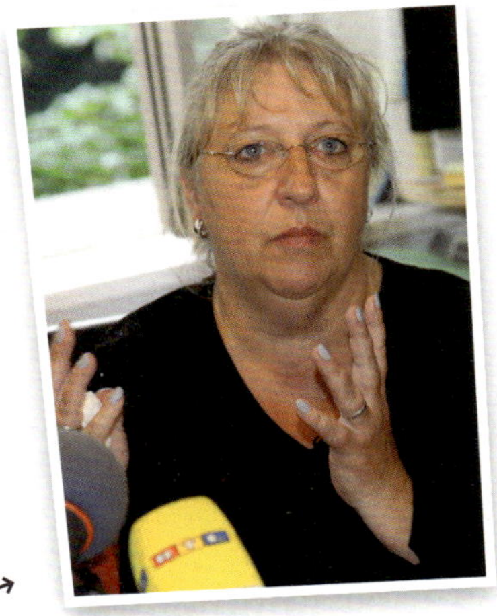

Diese Altenpflegerin
deckte die schlechte Behandlung
von alten Menschen auf.
Sie verlor dadurch ihren Job.

Dieser Ex-Spion legte offen,
dass die USA
und Großbritannien
sogar Privatleute ausspionieren.

Leserätsel

1 Bringe die Buchstaben
in die richtige Reihenfolge.
Schreibe die Wörter auf.

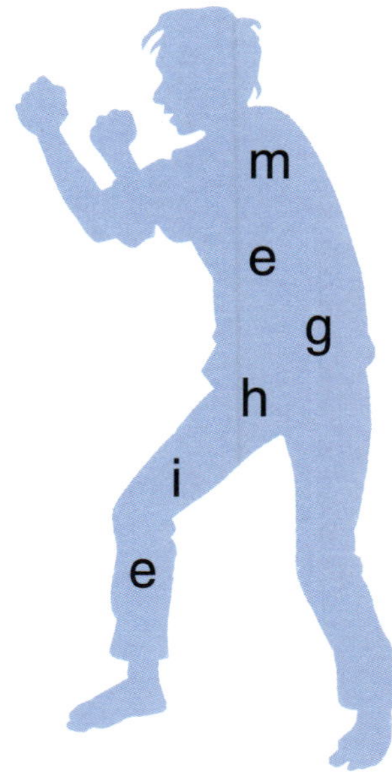

2 Fülle die leeren Felder mit Silben.
Pro Zeile, Spalte und
buntem Rechteck darf jede Silbe
nur einmal vorkommen.

			LÜ
	HEIT		
	WAHR		GE

_ _ _ _ _ _ _ _

_ _ _ _

3 Was gehört zusammen?
Verbinde die Wörter mit Linien.

DOPPEL	LÄUFER
LÄNDER	RECHNER
SUPER	BLOWER
ÜBER	GRENZE
WHISTLE	AGENT

Warum ermitteln wir alle so gern?

Bei einer Detektivgeschichte
schlüpfst du in Gedanken
in die Rolle des Ermittlers.
Du hast den Eindruck,
als würdest du selbst
ein Abenteuer erleben:
Zuerst passiert ein Verbrechen.
Dabei geht es um starke Gefühle
wie Neid und Gerechtigkeit.
Dann werden Spuren gesucht.
Am Ende sind die Täter geschnappt.
Immer wieder spannend!

Wie wirst du Teil einer Detektivgeschichte?

Erzählt werden Detektivgeschichten
in Büchern, Filmen,
Serien und Hörspielen.
Früher begleitete man
Polizei, Detektei oder Privatleute
in der eigenen Vorstellung.
Heute kannst du
bei der Aufklärung
von erfundenen Verbrechen
selbst mitraten.

Selbst Erwachsene spielen gern Detektiv.

Welche Kinderdetektive kennst du?

Schon deine Großeltern
haben Geschichten gelesen,
in denen Kinder Detektive sind.
Manche dieser Detektivgeschichten
gibt es bis heute.
So ist „Emil und die Detektive“
fast 100 Jahre alt!
In der Geschichte schließen sich
viele Kinder zusammen
und stellen einen Dieb.

Auch die „Fünf Freunde“ sind
schon über 80 Jahre alt!
Sie jagen immer
in ihren Ferien Verbrecher.
Die Krimis von „TKKG“
und „Die drei ???“ sind unheimlich.
Bei ihnen kommen
Geister, Spione und Vampire vor.

Die ersten „Fünf Freunde“ erschienen 1942. Hier siehst du die Verfilmung von 2015.

Deine Eltern hörten „Die drei ???“ auf Kassetten.

Wie entstehen Detektivgeschichten?

Detektivgeschichten
sind ausgedacht.
Bei manchen dienen
echte Ermittlerinnen und Spione
als Vorbild.
So klärte Ernst Gennat
für die Berliner Polizei
sehr viele Verbrechen auf.
Nach ihm erfundene Polizisten
tauchten schon vor 100 Jahren
in Detektivfilmen auf.

Aus dem echten Ernst Gennat wurde der Film-Detektiv Kommissar Lohmann.

Zu Sherlock Holmes
gibt es sogar
ein Museum in London.

Der Autor von Sherlock Holmes
dachte hingegen
beim Schreiben an einen Professor.
Dieser beobachtete sehr genau.
Er fügte wie ein Detektiv
alles wie ein Puzzle zusammen.

Die Autorin einer Detektivgeschichte
muss den Überblick behalten.
Sie arbeitet wie eine Detektivin.

Wie wirst du selbst zum Detektiv?

Diese Ideen helfen dir
bei der Sicherung von Spuren.
Fingerabdrücke kannst du
mit Kakaopulver nehmen.
Du musst es nur
vorsichtig mit einem Pinsel
auf der Spur verteilen
und dann leicht wegpusten.
Mit einem Streifen Klebeband
kannst du den Abdruck sichern.

Welche Unterschiede entdeckst du?

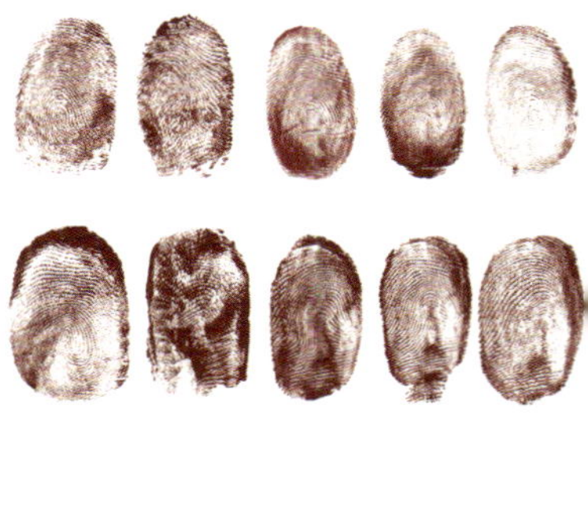

Eine Nachricht
versteckst du am besten
auf einem beschriebenen Blatt.
Unsichtbare Tinte dafür
besteht aus Zitronensaft.
Vereinbare geheime Zeichen
mit deinen Freunden.
Zum Beispiel bedeutet
das Ziehen am Ohrläppchen:
Weg hier!
Und das Kratzen am rechten Fuß:
Weitermachen!

Leserätsel

1 Ein Dieb hat Buchstaben geklaut.
Fülle die Lücken
mit Sp/sp oder Sch/sch.

das ______ iel

die ______ atzsuche

die ______ uren

______ ließen

______ nappen

______ annend

______ ionieren

auf______ üren

der ______ ion

2 Findest du den Weg zur Mitte?
Verbinde die Buchstaben der Reihe nach.
Schreibe die Lösung auf.

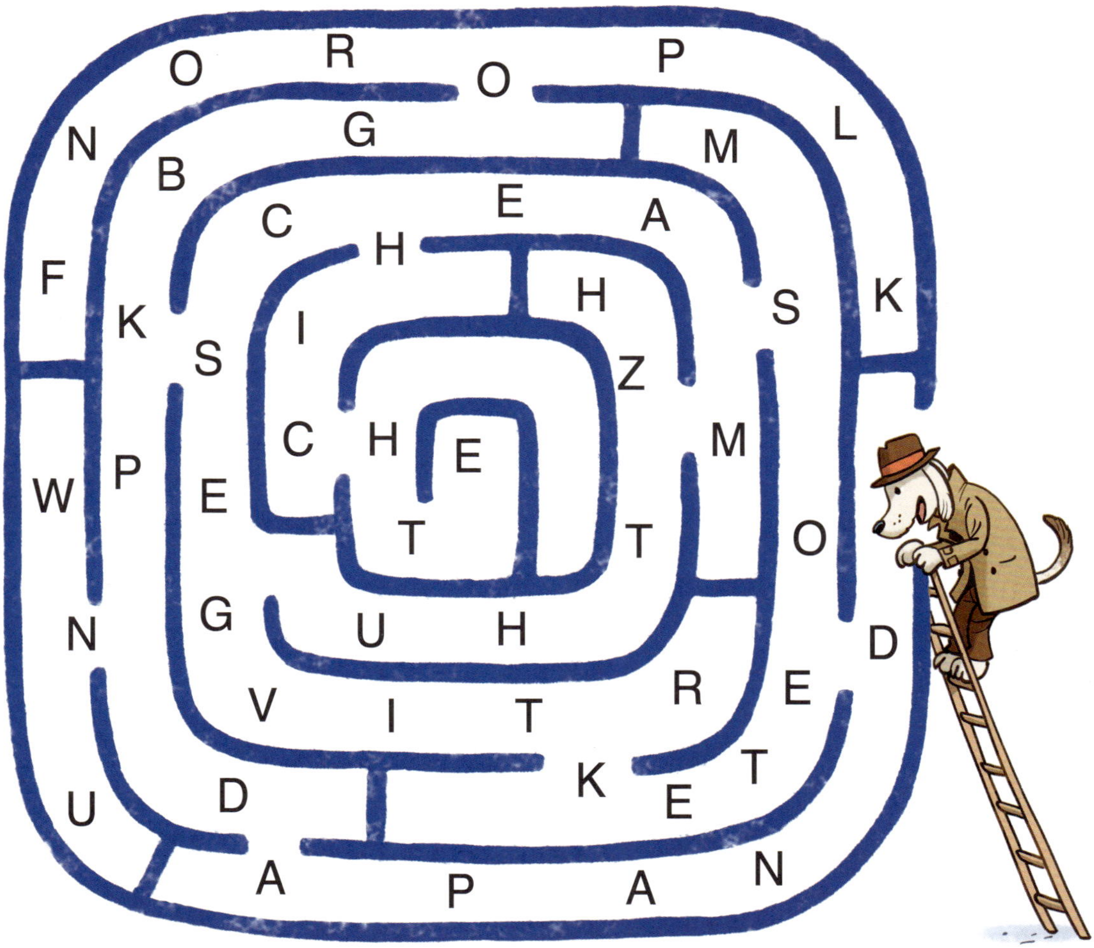

_ _ _ _ _ _ _ _ –

_ _ _ _ _ _ _ _ _ _

Lesequiz

1 Wer beauftragt Detektivinnen und Detektive?

a) Firmen und Privatleute

b) die Regierung

c) ein Geheimdienst

2 Wo wurde 1833 das erste Detektivbüro eröffnet?

a) in Deutschland

b) in den USA

c) in Frankreich

3 Wie schaut jemand, der lügt?

a) hin und her

b) starr geradeaus

c) immer nach oben

4 Was dürfen Detektive und Detektivinnen machen?

a) Leute auf der Straße ansprechen

b) in eine Wohnung einbrechen

c) bei Rot über die Ampel fahren

5 Was ist eine Legende?

a) eine erfundene Lebensgeschichte

b) ein besonderes Abenteuer

c) ein Aufenthalt im Gefängnis

6 Welchen Beruf hatte Sherlock Holmes echtes Vorbild?

a) Detektiv

b) Professor

c) Bäcker

Lösungen

Seite 18/19

1 DORT IST
DER DIEB

2

D	A	U	L	O	P	Ü	W	Ä	T
E	S	A	U	F	T	R	A	G	A
T	B	E	V	J	Q	U	Y	L	T
E	Z	U	S	G	Z	Ö	N	C	O
K	M	S	X	W	E	R	A	V	R
T	T	P	U	I	U	F	R	L	T
I	L	U	K	H	G	A	D	C	H
V	E	R	B	R	E	C	H	E	N

3
Beweis 2
Geheimnis 3
Diebesfallenpulver 6

Seite 32/33

1
I N F O R M A T I O N E N
S O N N E N C R E M E
E - M A I L
H A N D Y
P A R F Ü M

2 HIN WEI SE
NO TIZ BLOCK
VER DÄCH TIG
ZIEL PER SON

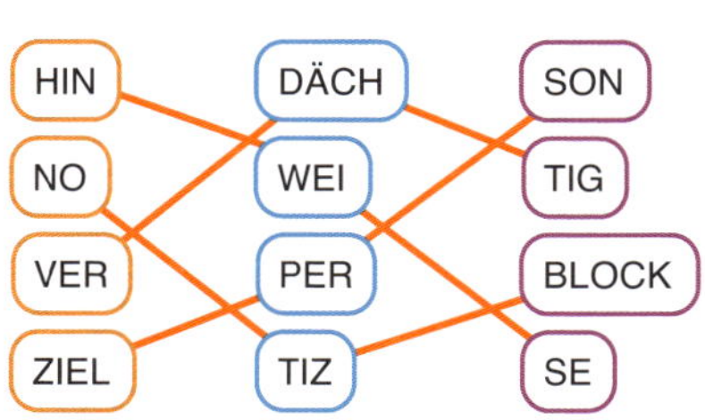

3 DETEKTIVIN

Seite 34/45

Seite 46/47

1 Spion
geheim
Trick
Agentin

2

WAHR	GE	HEIT	LÜ
LÜ	HEIT	GE	WAHR
GE	LÜ	WAHR	HEIT
HEIT	WAHR	LÜ	GE

3 DOPPELAGENT
LÄNDERGRENZE
SUPERRECHNER
ÜBERLÄUFER
WHISTLEBLOWER

Seite 56/57

1 das Spiel
die Schatzsuche
die Spuren
schließen
schnappen
spannend
spionieren
aufspüren
der Spion

2 Lösung: DETEKTIVGESCHICHTE

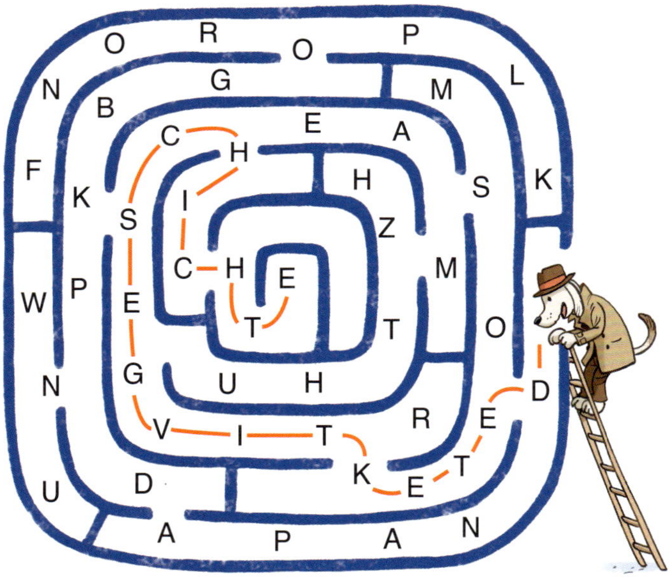

Seite 58/59

1 a)
2 c)
3 b)
4 a)
5 a)
6 b)

Klebe an dieser Stelle
einen Briefumschlag ein.
Benutze dazu einen Klebestift
und beachte seine Kennzeichnung.
In dem Umschlag kannst du
die ausgeschnittenen Karten
aufbewahren.
So geht nichts verloren.

Leselotto

Anleitung

Schneide die 24 Karten
mit einer Bastelschere aus
und mische sie.
Lege sie dann
mit der Vorderseite nach oben
vor dich hin.
Welcher Text
beschreibt welches Bild?
Die Rückseiten der richtigen Paare
haben dieselbe Farbe.
So kannst du prüfen,
ob alles stimmt.

Vidocq
[sprich: Wiedock]

Observieren

Whistleblower
[sprich: Wisselbloah]

Nachtsichtgerät

Zielperson

Satellit

Doppelagent

Zollbeamtin

Sprengstoff

Privatermittler

Ermittlungs-bericht

Detektei